Patrick Wagner

Trickfilme einfach selber machen

Mit Max Torrt

Impressum

„Trickfilme einfach selber machen – Mit Max Torrt"

© 2019 Patrick Wagner

Umschlaggestaltung und Illustrationen: Patrick Wagner

Herausgegeben vom Autoren.

max-torrt.de

Wanipa.com

Eschershausen/München, Deutschland

Tulpenstr. 1, 37632 Eschershausen

Haftungsausschluss

Die Umsetzung der in diesem Buch beschriebenen Anleitungen erfolgt ausdrücklich auf eigenes Risiko. Weder der Autor noch der Verlag haften bei unsachgemäßer Ausführung der Anleitungen.

Herstellung und Verlag: BoD- Books on Demand, Nordestedt
ISBN: 978-3-7504-2309-1

Inhalt

Vorwort

Willkommen in der wundervollen Welt der Animation!

Ich heiße Max Torrt und ich werde bereits seit mehr als vierzehn Jahren animiert. Du findest meine Trickserie auf Videoplattformen im Internet.

In diesem Buch möchte ich dir zeigen, wie du deine eigenen Trickfilme ganz einfach selber machen kannst. Von der Planung, über die Animation bis hin

Created by Patrick Wagner

zum Videoschnitt werde ich dich durch die einzelnen Schritte begleiten.

Das Produzieren von Trickfilmen ist etwas Tolles und du kannst deine Kreativität voll und ganz ausleben. Worauf warten wir also? Legen wir los!

Kapitel 1

Allgemeines zum Trickfilm

Was ist ein Trickfilm?

Ein Trickfilm ist zu aller erst ein Film, der aus einer Animation besteht. Eine Animation beschreibt schlicht, einen Gegenstand oder eine Zeichnung durch die schnelle Abfolge von Einzelbildern zum Leben zu erwecken. Das Wort stammt  aus dem Lateinischen („*animare*") und bedeutet so viel wie „lebendig machen" oder „zum Leben erwecken". Diese Umschreibung passt sehr gut auf das, was täglich in Trickstudios und Werbeagenturen passiert. Eine Zeichnung wird zum Leben erweckt, ebenso wie andere unbelebte Gegenstände (z.B. bei einem Stopp-Trickfilm).

Weil es unendlich viele Animationstechniken und Regisseure gibt, existiert im Grunde genommen keine Methode, die allgemeingültig ist. Jeder Profi macht es auf seine eigene Art. Aber vom Prinzip her ist alles gleich: Es werden Bilder erzeugt (gezeichnet oder fotografiert), die eine Bildabfolge ergeben und schnell hintereinander abgespielt werden.

In den frühen Jahren des Trickfilms wurde tatsächlich jedes Bild einzeln gezeichnet. Das waren 12 oft sogar 24 Bilder pro Sekunde. Für einen Film, der eine Minute gedauert hat, musste der Trickzeichner also 720 Einzelbilder herstellen.

Mit der Erfindung der Zellanimation wurde es ein wenig einfacher. Der Hintergrund blieb bei jedem Bild gleich, nur die Figur, die sich bewegt hat, wurde mehrmals auf transparente Folien gezeichnet und auf den Hintergrund gelegt. Mit der Erfindung der Multiplankamera konnte auch zum ersten Mal Tiefe in einem Zeichentrickfilm erzeugt werden. Die Verwendung der Zellanimation wird heute auch manchmal immer noch auf dem klassischen Wege gemacht. Natürlich gibt es heute Computerprogramme, die die Zellanimation digital nachmachen. Durch die Erfindung dieser Programme kann die Animation heute deutlich schneller hergestellt werden. Du musst dir vorstellen, dass die einzelnen transparenten Folien auch noch von Hand angemalt werden mussten. Heute reicht zum Glück ein einfacher Mausklick und eine Fläche ist farbig.

Die 3D Animation ist in den letzten Jahren immer häufiger geworden. Die meisten neuen Trickfilme sind heute 3D Animationen. Auch Realfilme (also Filme mit echten Schauspielern) werden mit 3D Animationen und Spezialeffekten versehen. Manchmal werden auch Modelle der Figuren, die in dem Film vorkommen sollen, aus Ton hergestellt und mit einem Laserscanner in den Computer geladen, wo sie später „zum Leben erweckt" werden sollen. Die Animation von 3D Filmen findet meistens komplett am Computer statt und benötigt eine spezielle Software. Einige Animationsstudios haben für die Animation auch ihre eigenen Programme entwickelt.

Kapitel 2

Deine Vorbereitung

Damit du am Ende ein vernünftiges und tolles Ergebnis hast, musst du deinen Trickfilm natürlich bereits im Vorfeld planen. Du musst wissen, was du für deinen Film brauchst und natürlich solltest du schon eine Geschichte im Kopf haben.

Drehbuch und Storyboard

Natürlich braucht jeder gute Trickfilm auch eine Handlung. Bei den Profis wird die Handlung in einem Drehbuch beschrieben und später in einem Storyboard sichtbar gemacht. Das Schreiben von Drehbüchern passiert bei den Profis meistens nach dem amerikanischen Prinzip. Hier wird die Handlung in einem Fließtext geschrieben und die Dialoge mit einer vorherigen Charakterankündigung versehen. In der Regel ist hier eine Seite Drehbuch auch eine Minute im fertigen Film.

So detailliert brauchst du dein Drehbuch natürlich nicht zu machen. Grundsätzlich gilt: Mach dir dein Drehbuch so, wie es für dich am einfachsten und am übersichtlichsten ist.

Viele jüngere Filmemacher mögen es auch, das Drehbuch in der Form eines Hörspiels zu schreiben. Hier stehen die Regieanweisungen in einem Satz vor dem Gespräch. Direkt vor deinen einzelnen Gesprächsabschnitten stehen die Namen der Figuren, die gerade sprechen. Vielleicht ist das auch für dich eine ganz gute Möglichkeit.

Das sogenannte Storyboard ist die erste Zeichnung deines Projektes oder anders gesagt: Die erste Visualisierung deines Drehbuches. Ähnlich wie ein Comic zeichnest du Bild für Bild dein Drehbuch ab. Wenn eine Figur etwas sagt, zeichnest du das Gesicht der Figur so in dein Comicbild (Panel), wie es auch im Film zu sehen sein wird. Das Storyboard wird auch oft mit einem sogenannten Treatment verbunden.

Ein Treatment ist eine Tabelle, in der du deine Bildabschnitte mit den Fachwörtern für die Kameraperspektive, die Dauer der Einstellung (des Shots) und dem entsprechenden Drehbuchabschnitt versiehst. Bei den Profis kommt das Treatment oft sogar vor dem Drehbuch.

Wenn du deinen Trickfilm machst, brauchst du aber nicht immer Drehbuch und Storyboard. Tatsächlich kannst du so arbeiten, wie es dir am liebsten ist. Möglicherweise reicht dir auch nur ein kurzes Exposee, um deinen Trickfilm umzusetzen.

Deine Vorplanung

Bevor es losgeht, musst du natürlich all deine Materialen zusammen haben. Mache dir am besten eine Liste mit Dingen, die du brauchst. Zu allererst solltest du dir Gedanken machen, welche Animationsmethode du nutzen möchtest. In Kapitel 3 habe ich dir die einfachsten Methoden aufgelistet. Bei jeder Methode habe ich dir auch die Materialien zusammengeschrieben, die du für deinen Film brauchst. Mache dir eine Liste und besorge dir dein Material vor dem Drehbeginn.

Kapitel 3

Deine Methoden zur Animation

Es gibt unendlich viele Möglichkeiten, wie du deinen Trickfilm machen kannst. Du kannst deine Figuren malen, basteln oder auch bestehende Figuren aus deinem Spielzeug benutzen. In diesem Kapitel zeige ich dir verschiedene Techniken zum Animieren.

Methode 1

Das Daumenkino

Das Daumenkino ist wohl eine der ältesten Varianten des Trickfilms. Sie benötigt keine teuren Geräte oder einen Computer. Alles, was du brauchst ist Stift und Papier.

Du brauchst:

- Stift
- Mehrere Blätter Papier (am Einfachsten einen Post-it-Block)
- Vielleicht einen Tacker und eine Schere

So beginnst du:

Zuerst musst du natürlich dein Daumenkino basteln. Hierbei hast du verschiedene Möglichkeiten:

Wenn du ein einzelnes Din-A4-Blatt hast, falte es einmal in der

 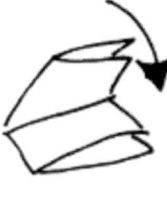 Mitte. Achte darauf, dass die Kanten beim Falten direkt übereinander liegen. Sobald du das

Blatt gefaltet hast, falte es noch einmal auf die gleiche Art und Weise. Das widerholst du jetzt so lange, bis dein Papier die Größe hat, die du möchtest. Du kannst natürlich auch mehrere Blätter benutzen. Je nachdem, wie groß dein Daumenkino werden soll.

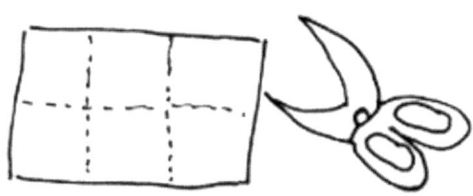

Sobald du dein Blatt gefaltet hast, falte es wieder auf und schneide entlang der Knicke die einzelnen Seiten aus. Lege dann die einzelnen Blätter übereinander und tackere sie auf einer Seite zusammen. Achte dabei darauf, dass die Seiten auf der nicht getackerten Seite genau übereinander liegen. Wenn sie nicht gerade sind, wird das Durchblättern hinterher schwieriger.

Tipp: Wenn du einen Post-It-Block benutzt, kannst du dir die Vorbereitung sparen.

So machst du deine Animation

Beginne entweder auf der ersten oder der letzten Seite mit deinen Zeichnungen. Überlege dir vorher, was du zeichnen möchtest und zeichne dir dein erstes Bild.

Nachdem du dein erstes Bild gemalt hast, legst du die nächste Seite darüber (oder du blätterst um). Auf diese Seite malst du das nächste Bild. Es muss deinem ersten sehr ähnlich sehen und nur eine kleine Veränderung haben. Die Veränderung ist später in deinem fertigen Daumenkino die Bewegung.

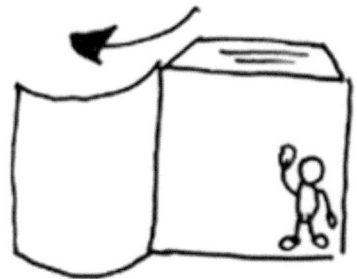

Das machst du auch bei dem dritten, vierten und so weiter, bis dein Daumenkino fertig ist.

So schaust du dir deinen Film an

Je nachdem, von wo du mit Zeichnen angefangen hast, legst du deinen rechten oder linken Daumen über die Kante deines

Daumenkinos. Wenn du auf der letzten Seite Angefangen hast, leg den Daumen deiner linken Hand auf die offene Seite des Kinos. Jetzt bewegst du ihn langsam nach oben und lässt jede Seite einzeln auf die erste fallen. Wenn du das schnell genug machst, kannst du eine Bewegung erkennen.

Methode 2

Der Stopp-Trickfilm

Der Stopp-Trickfilm ist eine klassische Methode zu der Herstellung von Trickfilmen. Es gibt unendlich viele Möglichkeiten und Animationsmethoden, die nach dem Prinzip des Stoppfilms funktionieren. Gemeinsam werden wir auf verschiedenen Methoden eingehen, wie du einen Stopp-Trickfilm machen kannst.

So funktioniert ein Stopp-Trickfilm

Bei dem Stopp-Trickfilm wird die Illusion der Bewegung erzeugt, indem schnell hintereinander Bilder gezeigt werden. Diese Bilder werden einzeln aufgenommen: Man baut ein

Ausgangsbild auf und schießt ein Foto. Alternativ kannst du natürlich auch nur eine kurze Millisekunde das Bild filmen. Dann verändert man das Bild ein wenig und schießt ein weiteres Foto. Wenn man jetzt alle Bilder hintereinanderlegt und schnell durchlaufen lässt, erkennt man eine Bewegung. Wenn man den Trickfilm bereits von Beginn mit einer Filmkamera aufgenommen hat, kann man ihn auch direkt in der Kamera oder auf dem Fernseher sehen. Das ist natürlich von der Art und der Bauweise der Kamera abhängig.

Aber jetzt fangen wir von vorne an.

Du brauchst:

- Eine Kamera (Videokamera, Fotokamera, Handy oder Tablet)
- Ein Stativ oder festen Ablagegrund für deine Kamera
- Einen Gegenstand, den du bewegen möchtest
- Im besten Falle ein Mini-Filmset (siehe hierzu Kapitel 4)

So bereitest du dich vor:

Schritt1: Stell die Kamera auf das Stativ oder verschaffe ihr einen Untergrund, der nicht wackelt.

Schritt 2: Stelle deinen Gegenstand oder dein Filmset in die Ausgangsposition. Die Ausgangsposition ist also dein erstes Bild, mit der dein Film anfängt.

Schritt 3: Richte die Kamera auf dein Set oder deinen Gegenstand. Achte darauf, was deine Kamera fotografiert oder filmt. Wenn du nicht zufrieden bist, richte die Kamera neu aus.

So machst du die Animation:

Schritt 1: Fotografiere das eben aufgebaute Ausgangsbild.

Schritt 2: Verändere dein Set oder deinen Gegenstand ein wenig. Lass zum Beispiel eine Figur den Arm heben. Aber nicht ganz nach oben, sondern nur ein kleines Stückchen.

Schritt 3: Fotografiere das veränderte Bild.

Schritt 4: Verändere nochmal dein Set oder deinen Gegenstand ein wenig. Lass zum Beispiel den Arm deiner Figur weiter nach oben wandern.

Schritt 5: Fotografiere dein Bild noch einmal.

Schritt 6: Das ganze machst du jetzt so lange, bis deine Bewegung fertig ist.

Schritt 7: Wenn du eine Filmkamera benutzt hast und deine Bilder kurz gefilmt hast, kannst du dir jetzt deinen fertigen Film auf der Kamera oder dem Fernseher anschauen. Der nächste Schritt, den du machst, wenn du eine Fotokamera benutzt hast, ist die Nachbearbeitung auf dem Computer. Lade hierzu deine gemachten Fotos in den Rechner und in das Videobearbeitungsprogramm. Lege deine Fotos in der richtigen Reihenfolge auf die Zeitleiste im Programm und verkürze die

Zeit, in dem das Bild gezeigt werden soll. Genauer werden wir im Kapitel 5 auf die Nachbearbeitung eingehen.

Wichtig:

Achte bei all deinen Fotos darauf, dass die Kamera nicht wackelt und sich auch an der Perspektive nichts ändert. Sonst wackelt auch dein fertiger Film und es macht weniger Spaß, ihn anzuschauen.

Das Gleiche gilt auch für die Beleuchtung: Achte darauf, dass du immer dieselben Lampen zum Ausleuchten benutzt und die auch bei jedem Foto eingeschaltet sind.

Ein Tipp vom Profi:

Wenn du die Methode verstanden hast, kannst du natürlich auch die Perspektive verändern und mehr Szenen einbauen. Versuche hier einfach deine Kreativität so gut es geht auszuleben.

Wusstest du das?

Es gibt viele verschiedene Varianten vom Stopp-Trickfilm. Das Prinzip ist aber immer das gleiche. Du kannst mit Knetmännchen deine Filme machen, mit der Legetechnik (siehe Methode 3), mit Spielzeug und sogar mit echten Menschen.

Wenn du zum Beispiel mit Bausteinen und Figuren deine Sets und Figuren baust, handelt es sich um einen sogenannten Brick-Film. Professionelle Arbeiten des Stopp-Films werden auch Stopmotion genannt.

Methode 3

Legetechnik (Cut-Out-Animation)

Die Legetechnikanimation oder in der Fachsprache die „Cut-Out-Animation" ist vom Prinzip her dem Stop-Trickfilm sehr ähnlich. Die Bewegungen werden nach dem gleichen Muster erstellt. Der entscheidende Unterschied bei der Legetechnik ist, dass die Bilder durch ausgeschnittene Teile (z.B. aus Tonkarton) entstehen und flach auf dem Untergrund liegen. Der Begriff

„Cut-Out" kommt daher, dass die einzelnen Teile ausgeschnitten werden.

Wusstest du das?

Auch heute noch wird die Cut-Out-Animation von einigen Studios umgesetzt. Jedoch gibt es heute die Möglichkeit, die klassische Technik mit Computerprogrammen zu simulieren.

Du brauchst

- Eine Kamera (Fotokamera, Videokamera, Handy oder Tablet)
- Tonkarton
- Eine Schere
- Vielleicht Klebstoff
- Im besten Fall ein Cut-Out-Studio (Siehe Kapitel 4)
- Ein Stativ

So machst du die Animation

Schritt 1: Benutze den Tonkarton, um deine Figuren zu basteln, die in deinem Film vorkommen sollen. Wichtig: Bei allen Gelenken, die sich bei deiner Figur bewegen sollen, setzt du einen Schnitt, damit du sie frei bewegen kannst.

Schritt 2: Bastle oder zeichne deinen Hintergrund, auf den du deine Figuren auflegst.

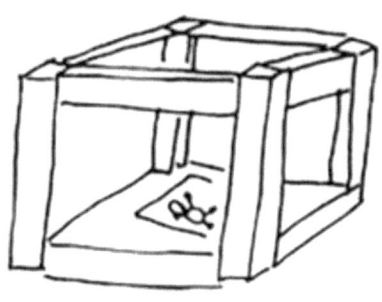

Schritt 3: Wenn du ein Studio gebaut hast, lege deinen Hintergrund direkt in die Mitte und mache ihn mit Klebeband fest. Deine Kamera platzierst du direkt darüber.

Wenn du nur mit einem Stativ arbeitest, lege deinen Hintergrund auf den Boden und stelle das Stativ so hoch ein wie es geht. Es ist wichtig, dass das Bild der Kamera aus der direkten Vogelperspektive auf dein Bild schaut. Denn nur so verzerrt es deinen Winkel nicht.

Schritt 4: Lege eine Ausgangsposition fest und schieße ein Foto. Bewege deine Figur ein kleines Stückchen und schieße ein weiteres.

Schritt 5: Sobald du auch hier deine Bewegung fertig abfotografiert hast, kannst du deine Fotos auf den Computer laden. Mit einem Videobearbeitungsprogramm kannst du sie in die richtige Reihenfolge bringen und hintereinander abspielen lassen.

Methode 4

Bild-für-Bild-Computeranimation

Die Bild-für-Bild-Computeranimation ist auch die Technik, mit der ich meine alten Folgen produziert habe. Sie ist auch heute noch eine beliebte Methode unter YouTubern, die gerade mit der Animation beginnen.

Der Unterschied zu den Techniken in der Stopp-Animation ist, dass hier keine Fotos geschossen werden. Deine Bilder werden

Bild für Bild am Computer gezeichnet und ebenfalls später zusammengefügt.

Du brauchst

- Einen Computer
- Ein Zeichenprogramm (z.B. MS Paint)
- Ein Videobearbeitungsprogramm

So machst du die Animation

Schritt 1: Lege fest, wie groß deine Bilder sein sollen. In der Regel haben Bilder für Filme (auch standardmäßig auf deiner Foto- und Videokamera) das Seitenverhältnis 16 zu 9 eingestellt. Das ist die Größe, die heute ein moderner Fernseher oder ein Computerbildschirm haben. Du kannst die Größe unter Bearbeiten – Größe einstellen. Sollte dies nicht möglich sein, kannst du beispielsweise bei *MS Paint* die Bilder auch manuell größer ziehen. Wo du gerade mit den Werten bist, zeigt dir die Zahl am unteren Bildrand an. Das Programm *Adobe Photoshop* bietet dir sogar beim Öffnen einer neuen Datei die Möglichkeit, von Beginn an, die Größe einzustellen. In der Regel ist hier sogar die Größe eines Bildschirms schon von Beginn an auswählbar.

Schritt 2: Zeichne das erste Bild. Das kannst du mit der Computermaus oder deinem Touchpad machen. Es empfiehlt sich aber, ein Grafiktablett zu benutzen oder bei moderneren Geräten oder Tablets direkt auf dem Bildschirm zu zeichnen.

Schritt 3: Speichere dein erstes Bild ab und nenne die Datei beispielsweise „001". Durch diese Bezeichnung weißt du immer, mit welchem Bild du bei der Postproduktion beginnen musst.

Schritt 4: Verändere dein Bild ein wenig und speichere das zweite Bild unter „002" ab.

Schritt 5: Das machst du jetzt so lange weiter, bis dein Film alle Bilder zusammen hat.

Schritt 6: Ziehe deine Bilder in ein Videobearbeitungsprogramm. Verkürze die Dauer, die ein einzelnes Bild angezeigt werden soll und ziehe die Bilder auf die Zeitleiste. Jetzt kannst du sie hintereinander abspielen lassen und deinen Film anschauen.

Kapitel 4

Bau dir dein Studio

Wie du im vorherigen Kapitel gelesen hast, empfiehlt es sich, für die ein oder andere Technik bestimmte Vorbereitungen zu treffen. In diesem Abschnitt zeige ich dir Schritt für Schritt, wie du deine Sets und Studios bauen kannst.

Studio 1

Set für deinen Stopp-Trickfilm

Für deinen Stopp-Trickfilm brauchst du natürlich einen Hintergrund, der gut steht und nicht während deiner Arbeit umfällt. Darum zeige ich dir, wie du deinen Hintergrund und dein Set baust.

Du brauchst

- Tonkarton
- Dickere Pappe
- Eine Schere
- Klebestift

So wird's gemacht

Schritt 1: Lege fest, wie groß dein Set sein soll, damit all deine Figuren Platz finden.

Schritt 2: Zeichne nach deinen Abmessungen deinen Hintergrund auf Tonkarton und schneide ihn aus.

Schritt 3: Klebe deinen Hintergrund auf ein Stück dickere Pappe und schneide ebenfalls drum herum. Im besten Fall überragt dein Hintergrund die Pappe, sodass du gar nicht mehr schneiden musst.

Schritt 4: Klappe an den Enden der Pappe jeweils ein Stückchen nach vorne, damit du zwei Standfüße für deinen Hintergrund hast. Wenn du willst, kannst du auch ein Stück Tonkarton auf den

Untergrund legen und dein Set darauf festkleben.

Studio 2

Studio für die Cut-Out-Animation (Profiversion)

Das Studio für die Cut-Out-Animation ist ein wenig aufwendiger.

ACHTUNG

Wenn du jünger bist, lass dir bitte von einem erwachsenen helfen und arbeite auf keinen Fall alleine. Die Arbeit mit Schrauben und Sägen, bitte unbedingt von einem „Profi" übernehmen lassen.

Du brauchst

- 12 stabile Holzlatten (jeweils ca. 1m)
- Zwei etwas dünnere Holzbretter (jeweils ca. 1m²)
- Einen Hammer und Nägel
- Einen Akkuschrauber, Schrauben und Muttern
- Eine Stichsäge
- Einen Stativsockel

So wird's gemacht

Schritt 1: Lege die Holzlatten so hin, dass daraus 2 Quadrate aus Holz entstehen und du noch 4 Latten übrig hast.

Schritt 2: Schraube die beiden Quadrate zusammen, sodass du zwei eigene Quadrate hast.

Schritt 3: Schneide mit der Stichsäge ein Loch in die Mitte eines Holzbrettes, sodass deine Kameralinse hindurch schauen kann.

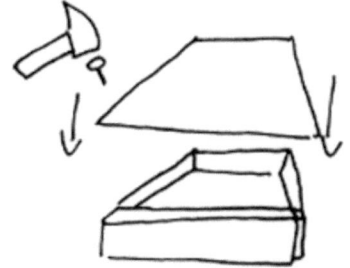

Schritt 4: Nagel jeweils ein Holzbrett auf ein Quadrat.

Schritt 5: Schraube die vier verbleibenden Holzlatten auf den unteren Teil des Quadrates, das nicht mit dem löchrigen Holzbrett verdeckt ist.

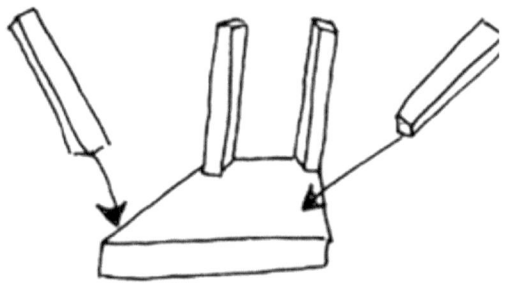

Schritt 6: Lege das Quadrat mit dem Loch im Brett auf deine 4 Holzlatten und schraube es fest.

Schritt 7: Teste, wie gut deine Kamera durch das Loch filmen kann. Wenn du die perfekte Position gefunden hast, schraube den Stativsockel auf das oben liegende Brett.

ACHTUNG:

Wenn du das machst, werden die Enden der Schrauben von oben aus der Decke deines Studios schauen. Schraube daher von unten jeweils zwei Muttern auf die Schauben und lass die spitzen Enden von einem Erwachsenen abschneiden und schleifen.

Studio 3

Studio für die Cut-Out-Animation (Schnelle Version)

Wenn dir die vorherige Version zu aufwendig ist oder du nicht mit schweren Werkzeugen arbeiten möchtest, habe ich dir hier eine Alternative zusammengestellt. Sie ist leider nicht so robust wie die Holzvariante von eben, aber reicht durchaus um tolle Filme zu machen. Bei pfleglicher Behandlung hält sie auch mehrere Jahre.

Du brauchst

- Einen größeren Pappkarton (jede Kante sollte mindestens 50cm lang sein)
- Eine Schere oder ein Paketmesser
- Paketband

So wird's gemacht

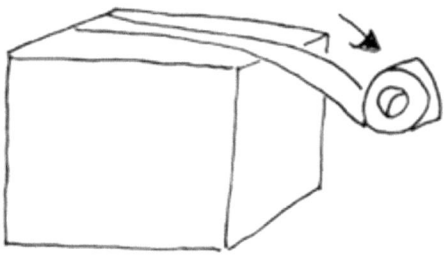

Schritt 1: Lege fest, wo oben und unten bei deinem Karton ist. Wenn unten die Kartonöffnung ist, fixiere sie noch einmal mit Paketband.

Schritt 2: Schneide in die obere Hälfte deines Kartons ein Loch, durch das deine Kameralinse passt. Von hier aus wirst du bei deiner Trickfilmproduktion filmen.

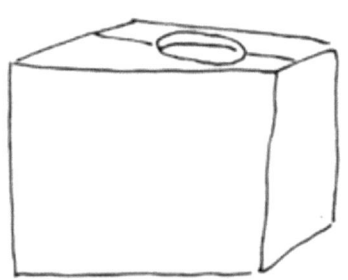

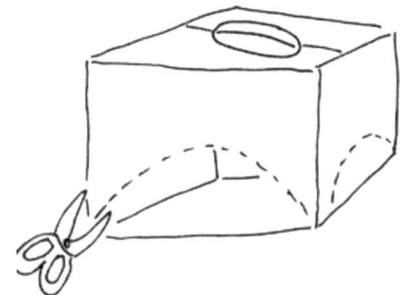

Schritt 3: Fixiere das „Dach" deines Kartons ebenfalls mit Klebeband.

Schritt 4: Schneide jeweils ein Loch in der Form eines runden Bogens in die Seitenwände deines Kartons. Mach die Bögen nicht zu groß, damit dein Karton stabil bleibt.

Schritt 5: Markiere die Auflagefläche für deinen Hintergrund am Boden des Kartons und oben für die Ablage deiner Kamera. Wenn deine Kamera wackeln sollte, kannst du mit den zuvor ausgeschnittenen Kartonresten kleine Keile basteln, die du unter die Kamera schieben kannst. Vielleicht schaffst du es auch, ein kleines Stativ daraus zu basteln.

ACHTUNG:

Fester Karton geht schwer zu schneiden. Solltest du noch jünger sein, bitte einen Erwachsenen um Hilfe.

Kapitel 5

Nachbearbeitung und Postproduktion

Wenn du deine Fotos und Bilder für deinen Trickfilm gemacht hast, brauchst du natürlich ein Videobearbeitungsprogramm, mit dem du deine Animationen herstellen kannst. Hierbei ist es egal, welches Programm du benutzt, denn grundsätzlich funktionieren alle nach demselben Prinzip.

Jedes Videoschnittprogramm hat in der Regel eine sogenannte Zeitleiste, auf der du dein Videomaterial und deine Bilder für die Animation ablegen und nacheinander abspielen kannst. Auf dieser zeitleiste finden sich auch Spuren für Ton und Musik. Damit kannst du später deine Videos vertonen und mit passender Musik hinterlegen. Wenn du es wie die Profis machen möchtest, kannst du auch die Sprachaufnahmen vorher einsprechen und dann die Animation an die gesprochenen Worte anpassen.

Jetzt beginnen wir aber von vorne, damit du auch Schritt für Schritt deinen Prozess nachvollziehen kannst.

Schritt 1: Öffne dein Programm und lade deine Bilder in die Arbeitsfläche. Das funktioniert meistens, indem du unter dem Reiter „Datei" oder „Bearbeiten" den Button „Importieren" nutzt. Dann wird dich das Programm fragen, welche Dateien du importieren möchtest. Suche mit dem dir angezeigten Browser den Dateipfad und klicke auf „Öffnen". Deine Bilder sollten jetzt in der Bibliothek in deinem Programm angezeigt werden.

Schritt 2: Ziehe deine Bilder nacheinander auf die Zeitleiste. Achte darauf, dass sie hintereinander angezeigt werden. Wenn die Bilder zu lange angezeigt werden, klicke auf jedes einzelne Bild mit und stelle eine kürzere Wiedergabezeit ein. In der Regel werden bei Trickfilmen 12 (manchmal sogar 24) Bilder pro Sekunde gezeichnet und auf die Achse gelegt. Das muss bei dir natürlich nicht zwangsläufig gegeben sein. Suche dir deine Anzeigedauer, in der deine Animation am besten aufgeht. Du kannst deine Bilddauer natürlich auch voreinstellen. In der Regel funktioniert das unter den Reitern „Bearbeiten" und dann „Voreinstellungen". Natürlich ist das auch bei jedem Programm anders. Wenn du Hilfe benötigst, nutze einfach den Hilfebutton in deinem Programm.

Schritt 3: Wenn du all deine Bilder auf die Zeitachse gelegt und die Anzeigedauer verkürzt hast, kannst du dir in dem kleinen Fenster in deinem Programm den fertigen Film anschauen. Jetzt kannst du natürlich auch noch Musik und Geräusche hinzufügen. Importiere diese Dateien ganz einfach wie in Schritt 1 beschrieben. Lege die importierten Dateien einfach auf die Zeitachse, wo sie starten sollen. Du kannst sie in dem Programm natürlich auch noch zurechtschneiden.

Schritt 4: Wenn du mit deinem Film zufrieden bist, kannst du ihn als eine Videodatei exportieren. Hier ebenfalls einfach unter „Datei" oder „Bearbeiten" auf „Film exportieren" klicken. Du wirst gefragt, in welches Dateiformat er den Film abspeichern soll und wo er die Datei ablegen soll. Suche dir hier auf jeden Fall einen Ort, den du wiederfindest und ein Format, das du mit deinem Videoplayer abspielen kannst.

Kapitel 6

Schlusswort

Ich hoffe, ich konnte dir ein paar Tipps auf den Weg geben, wie du deine Träume in die Realität umsetzt. Natürlich sind die Inhalte, die ich dir in diesem Buch gegeben habe, sehr einfach gehalten. Je mehr du übst, desto besser wirst du. Nach und nach kannst du deine Animationstechnik an die Ergebnisse der Profis annähern und vielleicht selber zu einem werden.

Ich drücke dir auf jeden Fall alle Daumen, die ich habe und wünsche dir auf deinem Weg zum Trickfilm-Animator alles Gute!